詩集

鳩は丸い目で

北岡武司

目次

I

II

装画　磯村宇根瀬

I

琵琶の音

遠い昔
天に舞いあがったのはこの浜
辺りはいっそう鄙びている
かしいだ漁船　錆びた鎖

海辺はどこも淋しい
世に有るかぎり　心は淋しい

またしても世になげだされ
地上をさすらう

流刑だと都人は嗤《わら》うが
何のことがあろう
みな世に堕ち
獄に繋がれている

島影を背に舞っていると
山から攻めおりる雄叫び
この身は扇なげすて
色かえてにげだした

波のうえを

横笛の音が漂っていた
首を斬られると
夕日が赤々と

水面《みなも》を照らし
血の色もかくれ
みなちりぢりに逃げた
琵琶のレクイエムを聞きながら

矢に槍に刃に
斃れた武者の数しれず
生まれるよりもずっと
とおい昔のこと

夕日が空に融け
彼方に沈み
群青色の海峡のむこうで
明かりの灯《とも》り灯りしているのが消え

島の裾に
霧が棚引きはじめると
海の底から琵琶の
音が流れくる

鹿ノ瀬

月が水面《みなも》を照らします
ホーン　ホーン
照り返しを乱し　鹿が泳いできます
島影を背に武者の兜をかぶり
蒼白い光を角にあび
窓の下の砂浜めざして
ホーン　ホーン

まっすぐやってきます

おまえがくるのを待って
フルートをふいていました
鳴き声を笛でまねていたのです
鹿よ
ホーン　ホーンと啼きながら
あの瀬のむこうの島へ
連れていっておくれ
切なさに

気も狂わんばかりなのです
昔々
おまえが妻鹿《めが》のところに行こうとして

落ち武者とまちがえられ
射貫かれたあの鹿ノ瀬です
風土記でおまえのことを知ってからというもの
いつ会えるかと
おまえに会える日のために

夜ごと海辺のこの部屋で
フルートをふいていました
いまあらわれたおまえは
いかにもりりしい武者
堂々と水をかきわけ　かきわけ
まっすぐ
この砂浜にきてくれます
首からうえは月あかりにさらし

ぐっと張った胴を水に浸し
波を白くかきたて
ホーン　ホーン
おまえの兜の角につかまり
あの島へ行きましょう

かすかかすかに

往き来する救急車のサイレン音を気にかける人はいない
ビルの陰はアスファルトに見えても人の足もとに陰なく
耳にイヤホンをつめ　スマホで目隠しして舗道をたたく
白杖で地面をさぐる老人に耳栓をした若い男がぶつかる
まえにも左右にも後ろにも人はおらず「私」だけがいる
映像と音はスマホにあふれるが「私」の映像「私」の音
周りを遮断して陰のついてこない足が地面を蹴り続ける

死を忘れ　命を忘れ　他人を忘れ　神仏を忘れ　さ迷う
サイレンの音は近づき遠ざかり　かすかかすかに消える
蛾のように橋のイルミネーションに見とれる人々の群れ
陰なき世界が好きで闇を薄めようと木や家まで電飾する
アベックは海面に映る橋に見とれ薄っぺらな媚薬に酔い
ポケットでスマホを握りしめて　それなりの恋を楽しむ
だが　月明かりにうかぶ恋人の顔に熱くなることもない
薄くなった命の欠片《かけら》が断ち切られ群れ電飾空間をさ迷う

救急車の音も運ばれる人と付き添い以外には日常の騒音
危篤も生き死にも騒音にまぎれ命もどこかに置き忘れる
近づいたサイレンの音は遠ざかり遠くでかすかかすかに
夜も明るく昼も消え三途の闇も薄らいで命は陰を喪った

あわい影

午後の海に光の銃弾が撃ちこまれ
波ひとつひとつきらめき水平線かたむき
陽光と照りかえしにブリッジはやけつく

海水が甲板に踊り飛沫《しぶき》をあげる
ペンキのはげた船が家も家財道具も乗せ
縁《へり》ぎりぎりまで沈み波をわけるよ

瀬戸内をぬけ長崎　種子島に寄り
とおいところへ　越南でもシャムでもない　ただ
とおいところへ　生まれるまえの記憶さがして

船よ　あえいで進んでもさがすものはない
水面《みなも》をうごきうつつをなでさするだけ
この世を生きようと水平移動するだけなのだ

欺きのマスクをはぎとれないからだ
おまえは嘘をつくわけではないけれど
いうことなすことのすべてがやはり嘘

うちにかくしごとをかたくひめている

服を着けても透明でかくしだてせぬ人
そんな人になりたいと思い願っても

秘密ゆえにそうなれず海をさすらう
まばゆい波を分けしずみそうになり
しんどそうにきしみながら播磨灘を

幽霊に追われ幽霊のようにさまよう
家も家財道具も仮面もすてきれず
真心さらけだせなかった悔いがたまる

波をかぶりまた借金をかさね
おもい図体ひきずり
小豆島のあわい影にすいこまれていく

雨空の光

木々はぬれ
五月雨に緑濃く
森がこんもりと神社を包む
静けさが目にしみとおる
この色の跳ね返りを　心も喜ぶ

木々のざわめきに洗われ

車を走らせよう
雲を通ってくる光が
あの色を宿しているのが不思議
海はおだやか　汽笛は遠く鈍い

スコットランドからきたという
マホガニーのテーブルを
あたらしい部屋のために買おう
あの部屋で夜の帳に沈む島影をながめ
切り子のグラスで
スコッチを頂くのだ
船をぶんどった海賊のように
船長室で一日の仕事を犒《ねぎら》いあおう

月光あび

馬《うま》の背《せ》山が夕日にそまります
罪に戦《おのの》き体中の骨が砕けそうです
タヌキ岩の穴蔵を通り映世《うつしよ》を抜け出したい
悪霊が蔑み嘲るたびに
骨がふるえるのです

どうすればよいのでしょう

この私は
息を吸うも吐くも苦しうございます
身も心も打ちのめす悪霊に打ち勝つには
おなじ悪霊を養うしかないのでしょうか

唆《そそのか》しが聞こえぬよう耳をふさぎます
照り返す壁を眺め　日暮れを待ちましょう
逃げろと仰るのですか
この世のどこへ行けと?
どこへいこうと恨みの眼差しが待っております

タヌキ岩の穴蔵から空をみあげまする
山の嶺から赤い赤い月がのぼりました
月がたかくしろくなれば空をみあげ

草むしろに寝そべり
光をあびます

骨がくだけそうな戦きはきえずとも
岩にふりそそぐ月光で　私は
光り輝くでしょう
堅い堅い岩穴に横たわった私を
どうかそばで見守ってください

きっとあなたは月光に溶けて
私を照らしてくださいます
私の願い
どんな蔑みも嘲りも
ものともしませんように

誰をも
蔑み嘲りませんように

こぼれて

この世にこぼれた
朝がきて昼がきて
地面に顔だせば
青空と雲
夕べがきて夜がきて　見あげると
流れ星　天の河
ふかあい　ふかあい海底

深みから湧いてくる力を
根っこで吸いあげる
何者かがおまえを
この世に押しだしている
おまえを支える力は
星や月を産みだし
草や木を

羊や牛を生長させる
おまえもそれにささえられ
身をゆだねておればよい
かつておまえは何を悲しんだろう
何を怨んだろう

どれもこれも
天への郷愁からくる悲しみ　怨み

虫食いだらけの花をつけ
風に身をしならせ
有りつづけ　咲きつづける
星がきらめき
おまえも宇宙している
夜は月見草が空を見あげ
昼はヒマワリが頭越しに遠くを……

然り　と
声にだそう
喜んで受け入れよう

ここへ運ばれてきたこと
こぼれたこと
この身に起こること
有ること

朝がきて昼がきて
夕べになって夜がきて
露のように消えても
おまえは有る
朝がきて昼がきて
夕べになって夜がきて
露のように消えても
「私は有る」

かがやき

母に抱かれ　世に溶けた光を肌で感じた
光は明るみに広がらず　多彩な色に分かれず
沈黙の向こうで「ここにいる」と囁《ささや》く
真っ黒な夜のように

知っているだろうか
明るみのむこうで闇は純粋な光と融けあっている

光は目には見えず　善悪の彼岸にある
判別も分別も善悪も汚れた大気の広がりにしかない

祈り　さがろう――「私は有る」へとさがる
さがりにさがって　神さまの懐に入ろう
荒れ野にいても　地下牢にいても　この身はあの世に沈み
いなごと野蜜で朝《あした》と夕べを迎える

感覚をすべて遮断すれば　そこは真っ暗
暗い夜空に色濃い星がまたたく
宇宙に溶けこんだ光が星をきわだて
諸聖人は闇にかがやく

明るみは大気の雑音

夜空も星もぼやけた明るみで
神になったかのように善悪を判別する人々
生臭く無意味な発話がふるさとへの思いをかき消す

灯火をかき消されたむなしさで
もっと奈落へと　落ちていく
愛を知らず愛を口にする　愛とは
欲情にかぶせるオブラート

地上で見えるものしか見ない
欲しくなるものしか見えない
移ろうもの　儚きものだけが現実
それを疑わず　「私は有る」を知らない

だから星の囁きが聞こえるように
夜よ　真っ暗闇になるまで更けよ
それでも聴覚は残り　うつつに有るときより鋭い
かすかな震えも音になり声になって心に響く

星の瞬《またた》きさえ　この耳に届く
地上のやりとりも地下牢まで聞こえる
ヘロデとサロメとその母
この首を刎ねる　いや刎ねぬ　と
あの世は暗いと怖がり
くすんだ魂が己にしがみつく
有るか有らぬか

あめつちに

鏡にかこまれ乱反射する「ガ」よ
愛するものがなにかを知らぬまま
おまえは愛されることをもとめるや
まわりにクラゲぬらりただよい
己もクラゲの生をゆらゆら生き
みずからは癒やさず癒やされようと
なにかをもとめ有漏有漏《うろうろ》うごく

さまでさまよう卑しいおまえ

天をわすれておまえはかれる
鏡のまえにただひとり立ち
あらゆるものからきりはなされ
であうものみな亡霊となる
目にうつるは虚仮ばかり
おまえも虚仮で根が枯れゆく
壁がかれさせ死にいたらせる
よもは鏡にさえぎられ破滅しそう

あゝ　祈りで鏡をたたきわれ
天を仰げ　うやうやしく地にひれふせ

天地《あめつち》にまことを乞いねがえ
命の源につながりを祈ろう
空が開けまことの明かりにてらされ
天の香気がただよってきますようにと
さすれば半透明の影は姿をけし
はるのあらしにゆれる木も

神々しく輝きだそう

虹

虹よ　わたしの友
翼の下はるか
しろい雲にあらわれ
ついてくる

にわかあめふれば　遠くに
大きな半円を描き

華やかな色で目をうばう
天《てん》の弓

近ければ小さく
無限に小さく　広がりを失い
この目のなかに
消え入る

舳先で波が割れれば
飛沫に
まんまるな姿をみせる
天《あめ》の会釈

わたしのうちに住み

霧吹きひとつで
光と水のコンチェルトを
奏でてくれる

おまえは私をつつみ
私はおまえを背負う
私のなかにいて
おまえは私をつつむ

苦しいときも
飾ってくれる
守護の天使

虹にかこまれ

青い空からふるえる光
光をあびちいさな葉が
ちりちりゆれ
レモンの枝もそよ風にさわぎ
ヒバリはあがるよあがる
雲まであがる
つめたくぬれてつきぬけたくらい雲

そんなことはきれいにわすれ
風にあおられ青空に
たかくはばたき明るくさえずるよ

下にはまっしろな雲がひろがる
雲にできた虹
まんまる虹を
色鉛筆で描いたようだよ
まんまる虹の
そのまんなかに
おどるはヒバリの陰か
おどるよおどる右に左に
陰につられて虹もおどるよ
上に下に ——あぁうれしや

陽のいたずらにさえずりうれし
空　雲　虹が春をよろこび
レモンの木も我をわすれ
雲をよろこび
空をよろこぶ
ヒバリが背負うはまんまる虹
さえずりは
レモンの木をふるわせ
天の使いに笑顔をおくる
あなたは虹を背負って生まれた

あなたも
レモンの木やヒバリや

天使に
よろこびをおくっている
有ることをよろこび
天の香気をよろこべ

レクイエム

―二〇一七年八月二六日―

今日　あなたは天使になられた
司祭が祈りを唱え香炉をふり
薫りが礼拝堂にただよいます

祭壇まえの棺で
白ユリに身体をつつまれ
天使の顔が見えています

いつか　日傘を差したあなたと
すれ違ったことがありましたね
向日葵たちがあなたを見つめていた

顔を合わせるとこんな私にも
ほほえみを贈ってくれて
あなたは天使のようでした

別れるまえにはかならず
哀れみのハグをしてくれましたね
いつも　これが最後と言わんばかりに
今日　ほんとうに天使になられた

永遠の静けさに安らおうと
あなたは変容の時を待つ　時を待つ

神の国の人たちが天使の装いで
光輝く顔をこちらに向け
ほら　あなたに手を振っている

Ⅱ

奥底から

ブナたちが
雪の毛布を身にまとい
目を瞑り
ものいいたげに押し黙る
空も雲に覆われ
息をのんで沈黙し
消えゆくかすかな鈴《りん》の音《ね》に

耳すまし
心鎮《しず》める
ロリンゴ　ロリンゴ
ロロリンゴ

かすかに
コロボックル楽団の演奏とコーラスが
闇と沈黙の底から立ちのぼる
森の精の声が湧きあがる
夜は深まり
音楽隊の熱気は高まる
鈴《りん》の音は消え
コロボックルの妙なる熱気
地の底から立ちのぼる

ロリンゴ　ロリンゴ
ロロリンゴ

耳を澄ませば
雪の声が
ブナの静まりが
雲の沈黙のかなたから
囁きかける
雪で着ぶくれた木々の枝に
天使たちもとまり
聴き入っている
樹氷林も耳を澄ませ
私は辛口の酒を飲む

ミラノの朝

ロロロロ　ロローニャ
ロローニャ　ロローニャ
夜が白んで霧うすくなりニセアカシアの香りこく
ミーニヨンも知らなかったミーニヨンのふるさとよ
ロロロロ　ロローニャ
ロローニャ　ロローニャ

小夜啼鳥のさえずりはフルートの音のよう
春の芽生えをうれしく奏で
ロロロロ　ロローニャ
ロローニャ　ロローニャ

裸のままのケヤキも枝　枝に若芽ほころばせ
春の装いをはじめる
ロロローニャ　ロローニャ
ロロロロ　ロローニャ

春だよ春　春がきたよ
ミーニヨンのふるさとに春がきたよ

鳩

誰かが庭のブランコの鎖を握りしめ
硬い身のこなしでゆられている
南天のわきに母親らしい人が立ち
ぎこちない動きを見守る
鳩が木の枝から見おろしていた

「僕のブランコだ」といって家の少年が

親子を追い払った
母親は眉を寄せ　「行きましょう」と
子供の手を引いて立ち去った
鳩は黙って見ている

ふたりとも肩を落としていたその姿が
杙《くい》となり少年の心に突き刺さった
鳩は明るく目を見開いたまま
少年をみつめ　なにもいわなかった
ふたりは家出してきたのに　とも

あの人たちはいくところがないのに　とも
なんて情けしらずなのでしょう　ともいわず
少年を見つめていた

少年は突き刺さった杖を
ながいあいだ抱きしめて暮らした

ある朝　鳩が庭木の枝にやってきた
祈りましょう
ふたりはお父さんのところへ帰ったよ
そういって丸い目で少年を見つめた

トントコトン

ラジオをかけて
酒を飲み
タヌキを待つ
このあいだは
何を言いたかったのか

玄関のセンサーで

光が庭にひろがり
見ると
タヌキがこちらにかけてきた
トントコトン

ころころ体を揺すって
顔をみあげる
部屋からもれる明かりで
かわいい目が光っている
顔つきにも体の動きにも

人のよさが滲みでている
嬉しそうにもみえ
そうでないようにも

白猫は恐れをなして
闇にきえた

残った猫餌を大急ぎでたべると
玄関前の明かりの広がりを抜け
ゆっさゆっさ体をゆすって
フェンスの闇に姿を消した
トントコトン

何が言いたかったのか
タヌキよ　今夜も待ってるよ
ラジオをかけて　酒を飲みながら

負けるなよ

おじさんは畳にいざっていた
生まれてから死ぬまでいざっていた
口癖は「負けるなよ」だった
僕らが相撲しに行くときも
野球しに行くときも
「負けるなよ」と励ました

負けて帰っても
「次は負けるなよ」と声をかける
おじさんも負けまいと
朝から晩まで　毎日　毎日
畳にいざっていた
城山の花見がただ一つの願いだった

ある年　村の若者が
おじさんをおぶって
花見に連れて行った
みすぼらしく萎えた脚が
若者の背中を挟んでいた
若者もいつも言われていた

その日も
おじさんは若者の耳元で
「負けるなよ」と言った
泣き声だった
おじさんが家の外に出たのは
たった一度の花見の日だけだった

桜並木を通って
海峡の見える丘へ
お墓参りにいったら言おう
「おじさん　負けるなよ」
おじさんは粋な笑いを
頬に浮かべる

お地蔵さん

夜道をあるく
延命地蔵さんのまえを通る
通りすがりにお祈りをした
延命治療には
縁がありませんようにと

お地蔵さんは

通りすがりになんじゃ　とも
態度が悪い　とも言わず
いつも通り
ふくよかなお顔で

こちらを見ておられた
ほんにやさしい
お地蔵さん

空を吸おう

心よ　喜べ
おまえが喜べば
草木も喜ぶ
悲しめば
山も星も悲しむ
苛立っても　みんな知らん顔
草も木も山も星も
みえなくなる

おまえはしぼみ
宇宙もしぼむ
だから空を吸おう
心よ　喜べ
景色のすべてが
うえを見る
家も欅も楓も
空を仰ぎ　うえを見る
空の色を吸いとろうと
背伸びする
湖が空を宿すように
瞳に空を宿そうと
みんな喜びたいのだ
だから空を吸おう

羽ばたき

星が大きくぬれ
ハンドルを握る指先はかじかむ
君は家毎に自転車を停め
新聞を投げ込み
曲がった脚で跨がっては
また降りる
春に遠い空へ旅立つ君は

あえぎあえぎ車体をゆすり
希望の空気を吸う

壁に大きな鏡が
何枚もかかっているという
朝日がさしこみ
光をはねかえして明るい
おかげでもっと広く
もっと明るくなるのだと
得意げに目をむく
君の吐く息も僕の吐く息も
白く凍りつく

面接で先輩がおしえてくれたとか

洗濯したてのまっしろなタオルを外に干し
髪の毛を箒で掃き塵取りに集めたり
陶器の器で石けん水を泡立て棚に置いたり
蒸しタオルを差しだしたり
師匠のお手伝いが
修行のはじめだと
またしても君は
得意そうに目をむく

育ての親は
日がな畳の上をいざっている叔父さん
旅立てば叔父さんに仕送りしたい孝行したいと
ペダルをこぎ　息をはずませ坂道のぼり
お尻をあげ自転車をぴこぴこ走らせる

冷たさで涙がうかび
白い息のかたまりを吐く
雲が朝の色に染まり
明《あけ》の星はもっと燃える

今日も明日も生きよと
朝日がのぼる
今日も明日も生きようと
あかね色の風を吸う

峠のむこう

峠で風が頬や腕をなでる
風はよそのくにからくる
むこうはコナラの枝や幹にさえぎられ
樹と樹のすきまに
みしらぬくにが
田園となって広がる

ヤマモモ　コナラの森を抜けていけば
猿が遊園地の汽車を運転し
鹿は客車に横たわり
やさしい目で
赤ちゃんにおっぱいを飲ませる
いとおしげに目をのぞいている

空の色も風の肌ざわりも
光の濃さもなにもかも
こちらとはおおちがいなのに
なつかしい風が吹いている
知らないのになつかしい
ふるさとに戻れそうな気がする

リスがドングリで
ほっぺを膨らませ
タヌキと握手し
まっかなベニカエデのしたで
クマの背を走る
みーんな言葉をしゃべって仲よし

コナラの枝や幹にさえぎられ
かいま見えるとおいくに
知らないところが
ふるさとのように思えるが
あこがれても
谷におりていけない

愛おしみつ

豹に気づいた小鹿は
全速力で逃げだす
必死の思いで
かるくかろやかにかるく駈ける
乾いた鼻から
空気を吸いこみ吐きだす
後ろ脚を地面から高くあげて

俊足の豹の口から
唾液のような
光るものが飛びちる
豹は
追いかけ追いつき
最後のダッシュで
小鹿の首筋にくらいつく

衝撃でたおれた小鹿は
脚を痙攣させ
もがく
痛々しく苦しげにもがく
首筋を

豹に銜えられても
目は優しく潤んでいる

小鹿よ
痛くないのか
怖くないのか
恨みや悲しみはないのか

枝の隙間に見える空が
この世のすべて
おまえの目は
すべてを愛おしむ
悲しいとも痛いとも
無念とも思わず

豹をも天をもうらまず
きれいな瞳で
木の枝と空を見ている

夜空のボール

お母さんの仕事がすんで
手をつないでおうちにかえる
鼻までかくしたマフラーから
白い息　しろい息　しろーい息

しろーい息が星の仲間になる
窓からもれる黄色い明かり

家族で夕食してるんだ
めのまえにしあわせがみえてくる

子供らはお母さんと
あたたかいスープ食べ
お父さんはビールで顔赤らめ
きっとみんなしあわせなんだ

しあわせな顔が
しあわせな顔をのぞきこみ
笑いながら話しあっている
笑顔が溶け　声が天井にはじけ飛ぶ
思いうかべると胸があたたかくなる

つないだお母さんの手を
もっとつよくにぎりたくなる
しあわせの息を吐きたくなる

冷たい空気に息を吐いたら
しあわせボール　しあわせボールと
まるくて白いかたまりが声だして
蒼い星空にあがっていった

私も川縁の小屋に帰って
お母さんと晩ご飯たべよう
窓から星を見あげよう
お母さんがいてくれて嬉しい

サンタの顔

子供らよ　夕食を喜んでくれてありがとう。
星空のしたにあなたたちを送りだしたあと
サンタさんは悲しくなります。
きれいな目は仮面の奥を見抜き
「それでいいのか」とわたしに訊ねます。
誰もいない家に帰れと　見送るわたしは鬼のよう。
まずしい夕食をともにし　歌を歌い　絵本を読み

生き生きとした目の輝きを喜んだあとで
ここはあなたたちの家ではない　と
追いだすことをどうかゆるしておくれ。

ああ　それでも星のような目が輝く顔をのぞき
みんなで声をあげて笑いました。
絵本を読んでどきどきはらはらできました。
瞳のひとつひとつに
笑顔が映っておりました。

この喜びのゆえに　感謝しあって別れましょう。
どうか今夜は家に帰ってください。
また来週　いっしょにご飯を食べましょう。

唄うた唄おう

遮断機の唄をききにいこう
ネンチ　テンチ　ネンチ　テンチ
遮断機といっしょに君がうたう唄
遮断機の唄うたう唄
唄ってご覧

幼稚園の丘のうえまで

手をひかれてあるき
低地のむこうの丘を見やって
列車がくるのを待てば
ネンチ　テンチ　ネンチ　テンチ

踏切からあの唄が聞こえてくる
こらえきれずに君も唄うたうたう
電車が通りすぎると両手をまわし
ガタコーン　ガタコーンと
足踏みをしておどるよ君は

もう　とおいとおい日のこと
いまも踏切の音がきこえると
君の唄をくちずさむ

ああなんて懐かしいのだろう
君のよろこぶ顔が唄っている

ネンチ　テンチ　ネンチ　テンチ

いまは北のはてでオーロラを撮影する君
ガタコーン　ガタコーンと列車が雪原を走れば
ネンチ　テンチ　ネンチ　テンチ
この唄がきこえてくるだろうか

あとがき

　これが第四詩集となるはず。ここ二〇年ほど、詩のようなものを書いてきた。この歳になると、これが最後の詩集だとつくづく思う。詩集だけではなく、人との向き合いにしてもそうだ。

　ところで詩を書くとはどんなことだろう。そもそも詩は「書く」ものだろうか。私も詩のようなものを書いてきたが、詩のようなものが私の場合、詩になりきれていないのではないかと、常々思っている。そして詩人になりきれぬ自分をどこかで軽蔑している。詩人は詩を書こうと悪戦苦闘している自分の姿を誰にもみせたくないだろうと、たしかトーマス・マンがどこかで書いていた。ここでも詩は「書く」ものだということが暗黙のうちに了解されている。書いて推敲を重ね、鍛錬し、ようやく気に入った作品が生み出されるのだということが当たり前のように考えられている。だが無文字時代にこそ詩人は詩を口から迸らせることができたのではないか。文明が文字を手に入れても、詩は口から迸り出るものだというのが第一義で、文字はそれを書き留めるために用いられたにすぎないと考えるのは勝手な推測ではないだろう。いずれにしても、本書が現時点での私の最後の詩集である。詩のようなものではなく、詩を口から迸らせ、それを文字に書き留めるのに必死になるような、また酒席で語ることばのすべてが詩であるような詩人となりたいものである。

表紙絵を描いてくださった磯村宇根瀬氏、帯文を引き受けてくださった斎藤恵子氏は「どぅるかまら」の他の同人とおなじく常々お世話になっている。心より感謝。併せて《Mélange》《Écrit》のそれぞれの詩誌同人にも、この場を借りて感謝の意を表明したい。また和光出版社長・西規雄氏に、編集を担当してくださった山本美香氏に、心より感謝する次第である。

北岡武司

二〇一八年五月

初出　「レクィエム」、「虹」、「奥底から」、「ミラノの朝」、「唄うた唄おう」は《Mélange》。
それ以外はすべて『どぅるかまら』（二〇一五・七月・一八号～二〇一八・一月・二三号）

北岡武司（きたおか・たけし）　一九四八年、兵庫県生まれ

所属　詩誌『どぅるかまら』（岡山）、日本詩人クラブ、日本現代詩人会、
岡山県詩人協会、兵庫県現代詩協会

詩集　『シルエットの裏側』（思潮社）、『ビワの葉裏』（思潮社）
『スピラスィヨーン』（和光出版）

鳩は丸い目で

発行日・二〇一八年五月三十一日
著　者・北岡　武司
装　画・磯村宇根瀬
装　幀・和光出版編集部
発行者・西　規雄
発 行 所・和光出版　〒七〇〇－〇九四二
岡山県岡山市南区豊成三－一－二七
電話（〇八六）九〇二－二四四〇
印刷製本・昭和印刷株式会社

ISBN978-4-901489-56-0　¥1200E
定価一二〇〇円＋税